PETITE

GRAMMAIRE MUSICALE,

OU

PRINCIPES ÉLÉMENTAIRES

DE LA MUSIQUE,

EXPOSÉS PAR DEMANDES ET RÉPONSES,

A l'usage des Elèves du Collége Rollin;

PAR F.-L. DURAND,

Maître de Musique.

TROISIÈME ÉDITION.

Prix net : 2 fr.

A PARIS,

CHEZ J. MEISSONNIER, ÉDITEUR DE MUSIQUE,

Rue Dauphine, 22.

On connaît l'origine des noms donnés aux différentes notes de musique, qui, tous (à l'exception du *si*, qui fut ajouté plus tard), ne sont autre chose que la première syllabe de chaque vers d'un hymne à saint Jean-Baptiste.

UT queant laxis
REsonare fibris,
MIra gestorum
FAmuli tuorum
SOLve polluti
LAbii reatum
Sancte Ioannes.

Pour nous conformer à un usage presque général aujourd'hui, nous avons substitué au mot *ut* celui de *do*, adopté depuis long-temps en Italie et chez d'autres peuples.

Imprimerie de HAUQUELIN,
et BAUTRUCHE, r. de la Harpe, 90.

Musique de TANTENSTEIN et CORDEL,
r. de la Harpe, 90.

AVERTISSEMENT.

En publiant ce petit ouvrage, nous n'avons nullement la prétention d'avoir créé une méthode nouvelle pour l'enseignement de la musique ; il en existe de très bonnes, et il serait difficile de faire mieux. Mais, chargé depuis plusieurs années d'enseigner simultanément la musique vocale à un grand nombre d'enfants, et n'ayant pour chaque leçon qu'un court espace de temps, nous avons dû chercher tous les moyens de simplifier l'enseignement et d'économiser des instants précieux. L'expérience nous a démontré que le temps si limité de la leçon ne pouvait permettre d'interroger assez souvent chaque élève pour s'assurer s'il avait compris et retenu l'explication des principes élémentaires de la musique, et cependant, sans la connaissance approfondie de ces principes, aucun progrès n'est possible. C'est pour remédier à ce grave inconvénient que nous avons entrepris de les exposer par écrit, le plus succinctement et le plus simplement possible, dans une série de demandes et de réponses. De cette manière, les enfants pourront les apprendre dans l'intervalle d'une leçon à une autre, sous la surveillance d'une personne même non musicienne; et, de son côté, le professeur, n'ayant plus qu'à s'occuper de les faire appliquer, obtiendra infailliblement des résultats plus prompts et plus satisfaisants.

PRINCIPES DE MUSIQUE.

CHAPITRE Ier.

De la Musique.

D. Qu'est-ce que la musique?

R. L'art de reproduire les sons d'une manière agréable à l'oreille.

D. Combien distingue-t-on de sortes de musique?

R. Deux : la musique vocale et la musique instrumentale.

La musique vocale s'exécute avec la voix, et la musique instrumentale avec les instruments.

CHAPITRE II.

Des figures de notes et de leurs différentes valeurs.

D. Comment écrit-on la musique?

R. Par des signes ou caractères qu'on nomme *notes*.

D. Combien y a-t-il de figures de notes?

R. Sept, savoir : la *ronde*, la *blanche*, la *noire*, la *croche*, la *double croche*, la *triple croche*, la *quadruple croche*.

Exemple

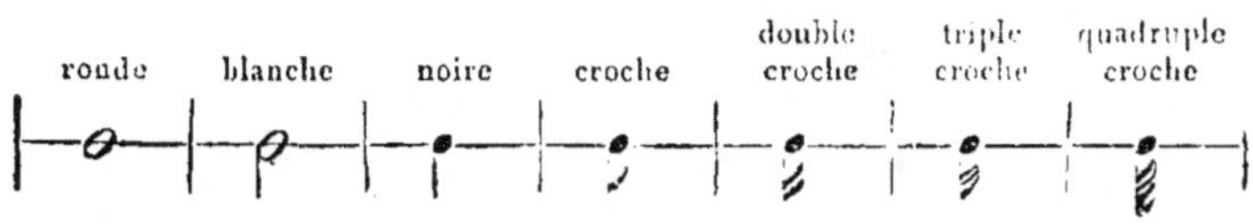

D. Qu'est-ce qu'indiquent ces différentes figures et ces différents noms de notes ?

R. La valeur ou la durée plus ou moins grande de chacune d'elles.

D. Quelle est la note qui a le plus de valeur et de durée ?

R. C'est la *ronde.* La *blanche* est la moitié de la *ronde;* la *noire,* le quart; la *croche,* le huitième; la *double croche,* le seizième; la *triple croche*, le trente-deuxième, et la *quadruple croche*, le soixante-quatrième.

D. Faites connaître la valeur comparative de chaque note.

R. La *ronde* vaut deux *blanches*, ou 4 *noires*, ou 8 *croches*, ou 16 *doubles croches*, ou 32 *triples croches*, ou 64 *quadruples croches.*

La *blanche* vaut 2 *noires,* ou 4 *croches*, ou 8 *doubles croches*, ou 16 *triples croches*, ou 32 *quadruples croches.*

La *noire* vaut 2 *croches*, ou 4 *doubles croches*, ou 8 *triples croches*, ou 16 *quadruples croches.*

La *croche* vaut 2 *doubles croches*, ou 4 *triples croches*, ou 8 *quadruples croches.*

La *double croche* vaut 2 *triples croches*, ou 4 *quadruples croches.*

La *triple croche* vaut 2 *quadruples croches.*

Voyez le tableau comparatif des valeurs, à la page suivante.

TABLEAU COMPARATIF DES VALEURS.

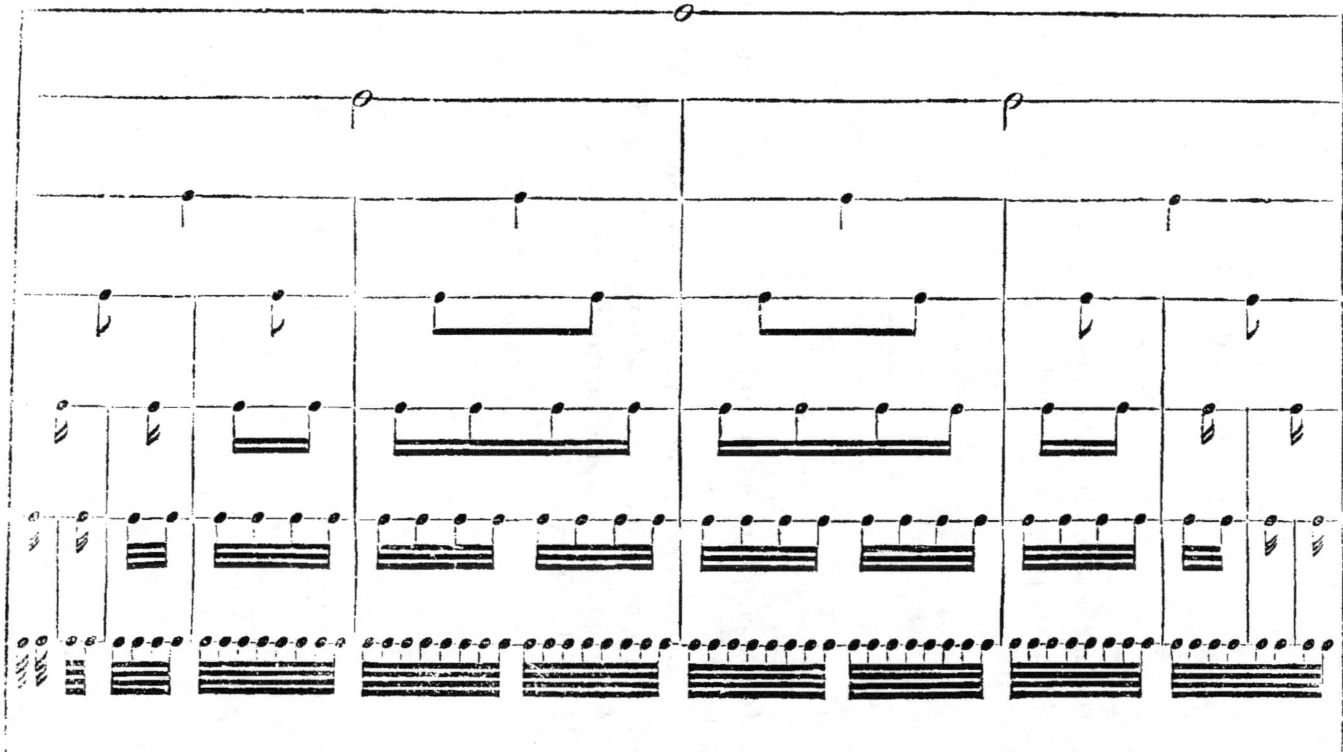

La ronde vaut
2 blanches,
ou 4 noires,
ou 8 croches,
ou 16 doubles croches,
ou 32 triples croches,
ou 64 quadruples croches.

D. Qu'entendez-vous par durée des notes ?

R. L'intervalle pendant lequel leur son doit être soutenu, et qui est déterminé par des mouvements égaux de la main qu'on nomme temps ; c'est ce que l'on verra au chapitre des mesures.

CHAPITRE III.

De la Portée.

D. Où place-t-on les différentes figures de notes ?

R. Sur cinq lignes et quatre interlignes horizontaux qu'on nomme *portée.*

Exemple de la portée.

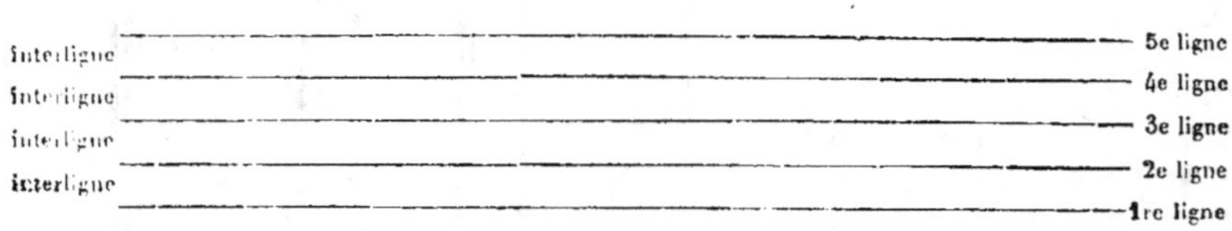

D. Ces cinq lignes et quatre interlignes suffisent-ils pour écrire la musique ?

R. Non ; on peut ajouter, tant au-dessus qu'au-dessous de la portée, des lignes qu'on nomme *additionnelles* ou *supplémentaires.*

D. En quel sens faut-il compter les lignes et interlignes ?

R. De bas en haut.

Exemple :

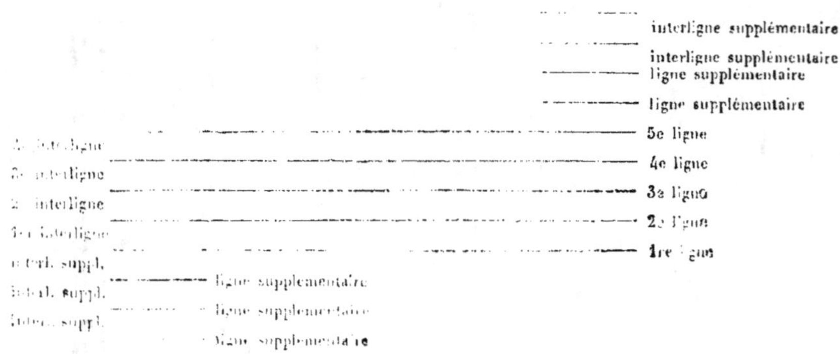

CHAPITRE IV.

Des Silences.

D. La succession des notes est-elle toujours immédiate ?

R. Non ; elle peut être interrompue par des signes qu'on nomme *silences.*

D. Combien y en a-t-il ?

R. Sept : autant que de figures de notes ; savoir :

la pause	la demi-pause	le soupir	le demi-soupir	le quart de soupir	le huitième de soupir	le seizième de soupir
silence de la ronde	silence de la blanche	silence de la noire	silence de la croche	silence de la double croche	silence de la triple croche	silence de la quadruple croche

La pause est le silence de toute espèce de mesures.

D. Y a-t-il des silences qui excèdent ces valeurs ?

R. Oui ; il en est d'autres qui se nomment *bâtons de pauses.*

Exemple :

bâton de deux pauses — bâton de quatre pauses — silence d'un nombre quelconque de mesures

CHAPITRE V.

Du Point, du Double Point, du Triolet et des Sixaines.

D. Que fait le point placé après une note quelconque ?

R. Il augmente la note qui le précède de la moitié de sa valeur.

D. Quel est l'effet d'un second point placé après le premier ?

R. Il augmente encore la note de la moitié de la valeur du premier point.

D. De quelle note le point tient-il lieu après une ronde, après une blanche, après une noire, une croche, une double croche, etc. ?

R. Après une ronde, le point tient lieu d'une blanche ; après une blanche, d'une noire ; après une noire, d'une croche ; après une croche, d'une double croche ; après une double croche, d'une triple croche ; et après une triple croche, d'une quadruple croche.

D. Combien la ronde pointée vaut-elle de blanches, la blanche pointée de noires, la noire pointée de croches?

R. La ronde pointée vaut trois blanches ; la blanche pointée, trois noires ; la noire pointée, trois croches ; la croche pointée, trois doubles croches ; la double croche pointée, trois triples croches ; et la triple croche pointée, trois quadruples croches.

Exemple de l'augmentation de la valeur des notes par le *point.*

Exemple de l'augmentation de la valeur des notes par le *double-point.*

D. Le point et le double point ne se placent-ils jamais qu'après les notes ?

R. On les place également après les silences, et ils augmentent leur valeur dans la même proportion.

Exemple :

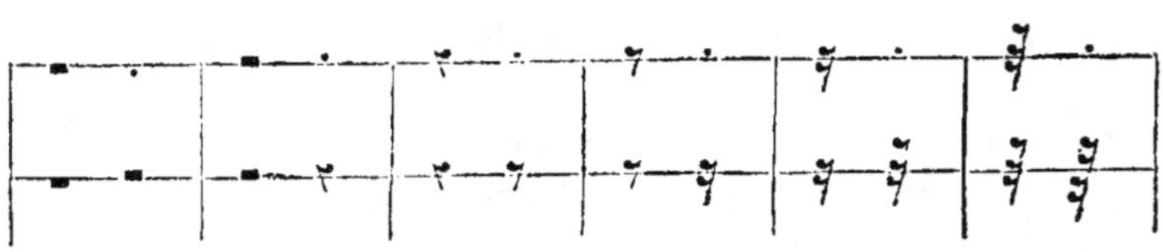

D. De même que la valeur d'une note peut être augmentée par l'effet d'un ou plusieurs points, ne peut-elle pas être également diminuée d'une autre manière ?

R. Oui : 1° par un groupe de notes appelé *triolet*, ou *trois pour deux*; 2° par un groupe de six notes appelé *sixaine* ou *six pour quatre*.

Exemple de la diminution de la valeur des notes par le *triolet*.

Exemple de la diminution de la valeur des notes par *sixaine*.

Il est à remarquer, par les exemples ci-dessus, que l'on met toujours le chiffre 3 au-dessus des trois notes qui forment le triolet, le chiffre 6 au-dessus des six notes qui forment la sixaine.

CHAPITRE VI.

Du nom des notes.

D. Indépendamment des noms qu'on a donnés à chaque figure de note relativement à leur valeur et durée, ces notes n'ont-elles pas d'autres noms?

R. Oui ; elles en ont encore d'autres qui sont déterminés par la place qu'elles occupent sur les lignes ou dans les interlignes.

D. Quel en est le nombre?

R. Elles sont au nombre de sept, savoir : *ut* ou *do*, *ré*, *mi*, *fa*, *sol*, *la*, *si*; en y joignant la répétition du premier, *ut* ou *do*, qu'on nomme *octave*, ce nombre est porté à huit, ainsi qu'il suit :

Exemple,

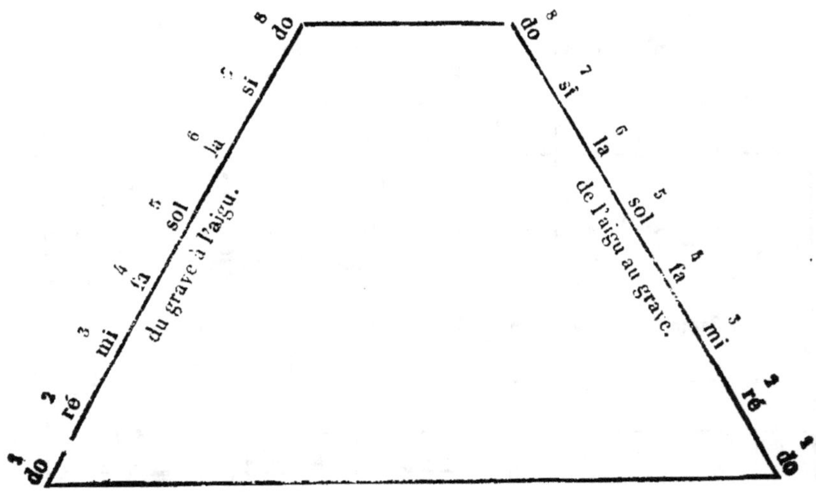

D. Les notes ne sont-elles pas connues sous d'autres dénominations ?

R. Oui ; sous celles de *première*, *deuxième*, *troisième*, *quatrième*, *cinquième*, *sixième*, *septième*, *huitième* ou *octave*.

On appelle encore la première *tonique* ; la deuxième *sus-tonique*, la troisième *médiante* ; la quatrième *sous-dominante* ; la cinquième *dominante* ; la sixième *sus-dominante* ; la septième *sensible* ; la huitième *octave* de la *tonique*.

CHAPITRE VII.

Des Clefs.

D. Comment le nom de ces notes est-il fixé ?

R. Par des signes que l'on nomme *clefs*, et que l'on place à la tête de la portée.

D. Quel est le nombre de clefs ?

R. Trois ; la clef de *sol* 𝄞, la clef de *do* 𝄡, et la clef de *fa* 𝄢.

D. Quelle place ces clefs occupent-elles dans la portée ?

R. La clef de *sol* se pose sur la première et deuxième ligne.

Exemple :

On a supprimé la clef de *sol* première ligne, son résultat étant le même que les notes placées à la clef de *fa* quatrième ligne.

La clef de *do* se pose sur les quatre premières lignes.

Exemple :

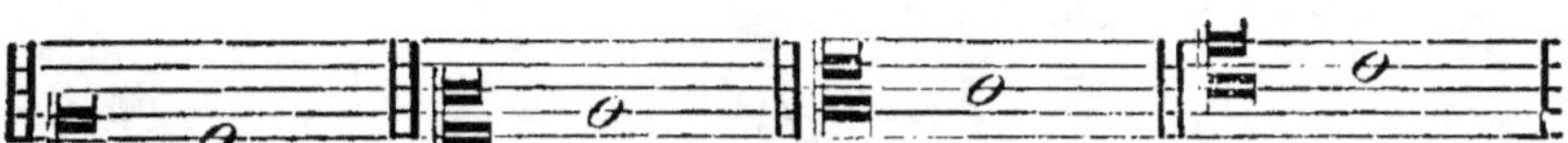

La clef de *fa* se pose sur la troisième et quatrième ligne.

Exemple :

Il est à remarquer que chaque clef donne son nom aux notes placées sur la même ligne qu'elle, de sorte que, si la clef de *sol* est posée sur la seconde ligne, la note placée sur cette même ligne se nommera *sol*, et ainsi des autres.

D. Pour quel genre de voix s'emploient ces diverses clefs ?

R. La clef de *sol* sur la deuxième ligne et la clef de *do* sur la première ligne s'emploient pour les voix aiguës appelées *premier dessus* ou *soprano*.

La clef de *do* sur la troisième et quatrième ligne, pour les voix du *medium*, appelées, l'une *haute-contre* ou *contralto*, et l'autre *taille* ou *ténor*.

La clef de *fa* sur la quatrième ligne, pour les voix graves appelées *basse* ou *basso*.

La clef de *do* deuxième ligne et la clef de *fa* troisième ligne ne sont en usage que pour la transposition.

CHAPITRE VIII.

Tableau de la Portée générale des voix.

D. Combien faut-il de lignes pour noter tous les sons successifs des divers genres de voix ?

R. Il en faut onze.

D. Comment les nomme-t-on ?

R. *Portée générale des voix*.

Exemple :

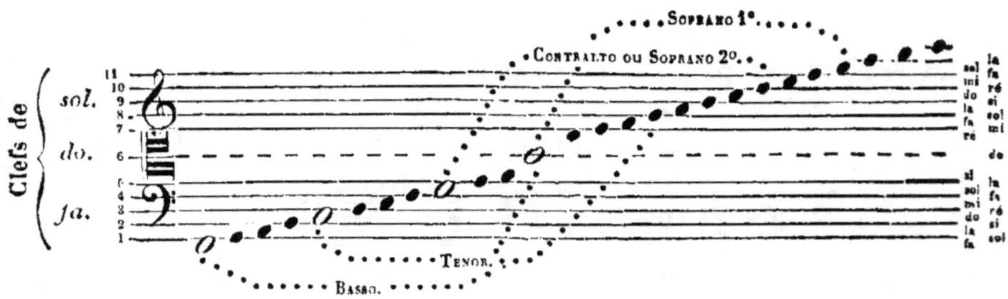

CHAPITRE IX.

De la Position des notes.

D. D'après l'exemple ci-dessus de la portée générale, les cinq lignes de la portée de la clef de *sol* ne pourraient-elles pas être figurées par les cinq doigts de la main gauche, et celles de la clef de *fa* par les cinq doigts de la main droite ?

R. Oui ; dans chaque main, le petit doigt sera regardé comme première ligne de la portée, et ainsi de suite.

D. A la clef de *sol*, figurée par la main gauche, quel sera le nom des notes placées sur les cinq lignes et quatre interlignes ?

R. Sur la première ligne, ou petit doigt, sera le *mi* ; sur la deuxième, *sol* ; sur la troisième, *si* ; sur la quatrième *ré* ; sur la cinquième, *fa*.

Sur le premier interligne, *fa* ; sur le deuxième, *la* ; sur le troisième, *do* ; sur le quatrième, *mi*.

D. A la clef de *fa*, figurée par la main droite, quelle sera le nom des notes placées sur les cinq lignes et quatre interlignes ?

R. Sur la première ligne, ou petit doigt, sera le *sol;* sur la deuxième, *si ;* sur la troisième, *ré ;* sur la quatrième, *fa ;* sur la cinquième, *la*.

Sur le premier interligne, *la ;* sur le deuxième, *do ;* sur le troisième, *mi ;* sur le quatrième, *sol*.

Exemple :

Portée de la clef de *sol*.

Portée de la clef de *fa*.

On voit, par cet exemple, que la note placée sur la cinquième ligne d'une portée quelconque donne son nom à la note placée sur le premier interligne de la même portée, de même que la note placée sur le quatrième interligne portera le nom de celle placée sur la première ligne.

D. Faites connaître la succession des notes placées sur des lignes consécutives, d'après une première note donnée, quelle que soit la clef.

R. En plaçant le *do* sur une ligne quelconque, on aura successivement *do*, *mi*, *sol*, *si*, *ré*, *fa*, *la*, *do*, etc., en montant de ligne en ligne ; si, au contraire, le *do* est placé sur un interligne, on aura toujours la même succession *do*, *mi*, *sol*, etc., mais d'interligne en interligne.

Exemple :

Clef de *sol* deuxième ligne. Clef de *fa*.

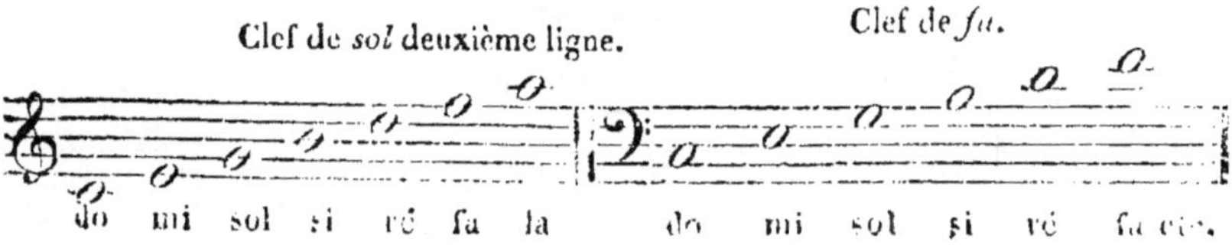

Clef de *do* troisième ligne. Clef de *do* quatrième ligne.

CHAPITRE X.

De la Gamme diatonique.

D. Que produit la progression des notes d'après leur rang numérique ?

R. La gamme diatonique, c'est-à-dire qui procède par tons et par demi-tons naturels.

D. Qu'entendez-vous par *tons* et *demi-tons* ?

R. On entend ici par ces mots, l'élévation ou l'abaissement de la voix d'une note à l'autre. On appelle *ton*, l'intervalle qu'il y a de *do* à *ré*, de *re* à *mi*, de *fa* à *sol*, de *sol* à *la*, de *la* à *si* ; et demi-ton, l'intervalle de *mi* à *fa* et de *si* à *do*.

D. De combien de tons est formée la gamme diatonique ?

R. De cinq tons et de deux demi-tons.

D. Dans quel ordre les tons et les demi-tons sont-ils placés dans la gamme majeure ?

R. Dans l'ordre suivant, soit que l'on monte soit que l'on descende cette gamme.

De la 1re à la 2e . . . . . . un ton.
De la 2e à la 3e . . . . . . un ton.
De la 3e à la 4e . . . . . . un demi-ton.
De la 4e à la 5e . . . . . . un ton.
De la 5e à la 6e . . . . . . un ton.
De la 6e à la 7e . . . . . . un ton.
De la 7e à la 8e . . . . . . un demi-ton.

Exemple :

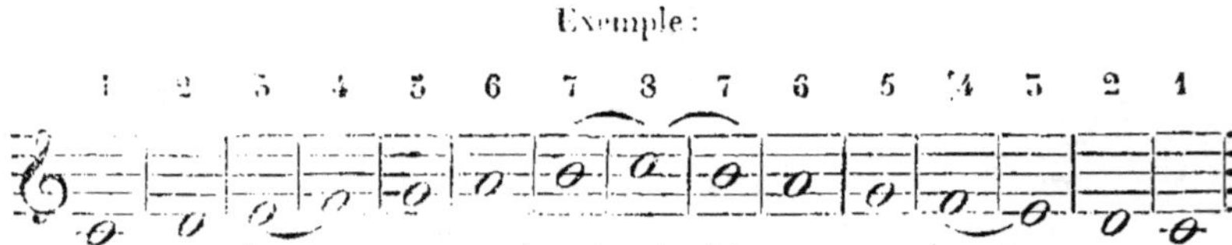

Autre exemple :

ÉCHELLE VOCALE.

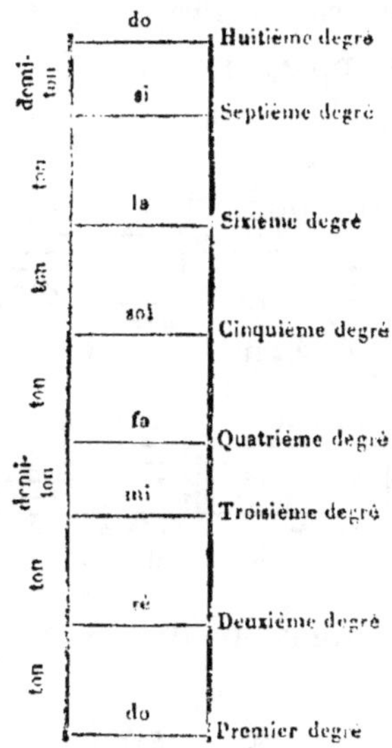

On voit, par ce tableau, que les intervalles de la troisième à la quatrième et de la septième à la huitième, étant plus petits, sont d'un demi-ton, et tous les autres d'un ton.

CHAPITRE XI.

Des Intervalles et de leur renversement.

D. Lorsque les notes ne suivent pas l'ordre de la gamme, comment nomme-t-on la distance qui les sépare ?

R. Degrés ou *intervalles disjoints;* de même qu'on les appelle *conjoints,* lorsqu'ils ne vont que d'un degré à l'autre, comme dans la gamme.

D. Quel est le nombre des intervalles ?

R. On en compte sept, qui sont : la *seconde*, la *tierce*, la *quarte*, la *quinte*, la *sixte*, la *septième* et l'*octave*.

D. Y en a-t-il qui excède ces distances ?

R. Oui ; il y en a encore de *neuvième*, de *dixième*, et de *on-*

zième, etc.; mais ces intervalles ne sont que des *secondes*, des *tierces*, des *quartes*, etc., transportées une octave au-dessus ou au-dessous.

D. Comment se comptent les intervalles?

R. En montant, c'est-à-dire, en partant du grave à l'aigu, comme on le voit par l'exemple suivant.

Exemple :

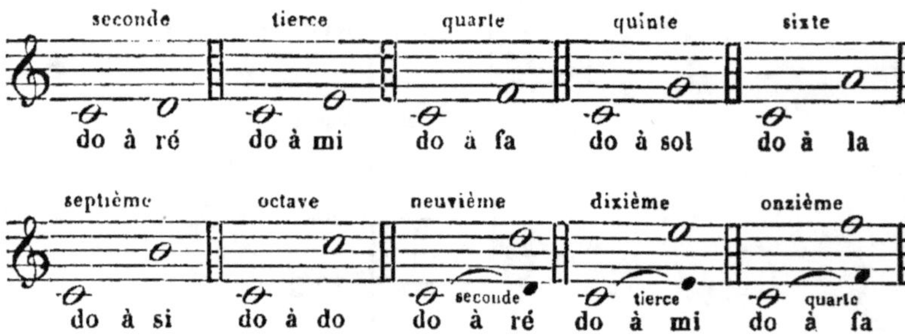

D. Comment nomme-t-on deux notes placées sur le même degré?

R. Unisson.

Exemple :

D. Ces intervalles ne peuvent-ils pas être renversés?

R. Oui.

D. Que donnent-ils par renversement?

R. La *seconde* donne la *septième*; la *tierce* donne la *sixte*; la *quarte* donne la *quinte*; la *quinte* donne la *quarte*; la *sixte* donne la *tierce*; la *septième* donne la *seconde*; et l'*octave*, l'*unisson*. De manière que, dans l'intervalle donné et son renversement, on trouve toujours le nombre *neuf*.

Exemple :

CHAPITRE XII.

Des Mesures.

D. Qu'est-ce que la *mesure ?*

R. L'espace séparé par des barres verticales ou perpendiculaires renfermant les signes et les notes qui déterminent les temps.

D. Combien y a-t-il de sortes de mesures?

R. Deux : les *mesures simples*, et les *mesures composées* qui dérivent des mesures simples.

D. Qu'entendez-vous par mesure simple?

R. Celle dont chaque temps est *binaire*, c'est-à-dire qu'il renferme deux notes d'égale valeur ou l'èquivalent.

D. Qu'entendez-vous par mesure composée ?

R. Celle dont chaque temps est *ternaire*, c'est-à-dire qu'il renferme trois notes d'égale valeur ou l'équivalent.

Mesures simples.

D. Combien y a-t-il de mesures simples?

R. Trois; savoir : la mesure à *quatre-temps*, la mesure à *trois-temps* et la mesure à *deux-temps*.

D. Comment dirige-t-on la main pour déterminer ces différentes mesures?

R. La mesure à quatre-temps se marque en frappant le premier temps, en portant la main à gauche pour le second, à droite pour le troisième, et en la levant pour le quatrième.

Exemple :

La mesure à trois temps se marque en frappant le premier temps, en portant la main à droite pour le second, et la levant pour le troisième.

Exemple :

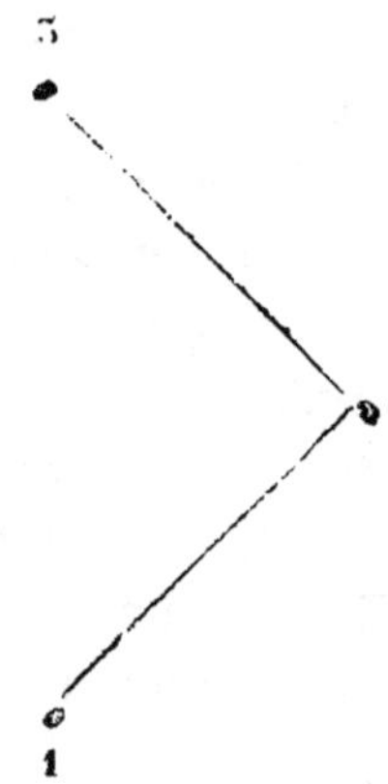

La mesure à deux temps se marque en frappant le premier temps, et levant la main pour le deuxième.

Exemple :

D. Comment désigne-t-on la mesure simple à quatre-temps ?

R. Par le signe C ou le chiffre 4. La valeur de la mesure sera d'une ronde, et celle de chaque temps une noire ou l'équivalent.

Exemple :

D. Comment désigne-t-on la mesure simple à trois temps ?

R. Le chiffre supérieur, appelé *numérateur*, indique toujours le nombre de notes que doit renfermer la mesure ; et le chiffre inférieur, appelé *dénominateur*, indique l'espèce de ces mêmes notes ; ainsi : $\frac{3}{4}$ indiquera trois quarts de ronde, c'est-à-dire trois noires, 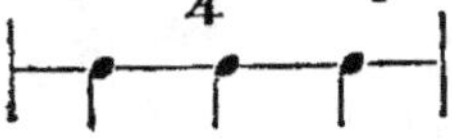 ou autres notes équivalentes.

$\frac{3}{8}$ indiquera trois huitièmes de la ronde, c'est-à-dire trois croches  ou autres notes équivalentes.

$\frac{2}{4}$ indiquera deux quarts de la ronde, c'est-à-dire deux noires  ou autres notes équivalentes.

$\frac{6}{8}$ indiquera six huitièmes de la ronde, c'est-à-dire six croches 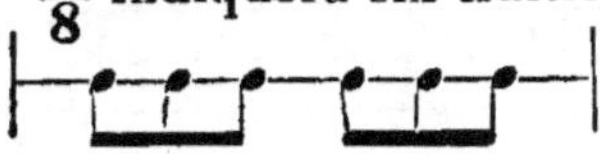 ou autres notes équivalentes.

$\frac{9}{8}$ indiquera neuf huitièmes de la ronde, c'est-à-dire neuf croches  ou autres notes équivalentes.

$\frac{12}{8}$ indiquera douze huitièmes de la ronde, c'est-à-dire douze croches 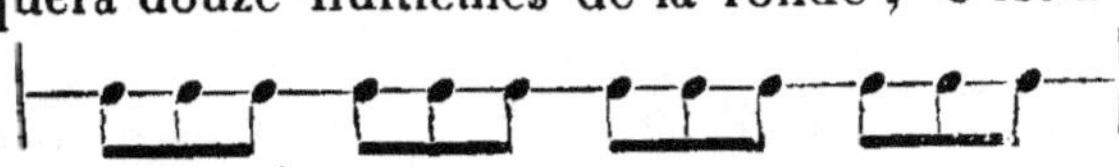
ou autres notes équivalentes.

D. N'y a-t-il pas une règle générale pour savoir à combien de temps on doit battre une mesure fractionnaire quelconque ?

R. Oui ; toute mesure fractionnaire, dont le chiffre supérieur est un nombre *impair*, comme $\frac{3}{4}$ $\frac{3}{8}$ $\frac{9}{8}$, se bat à trois temps ; et celle dont le chiffre supérieur est *pair* se bat à quatre temps, toute fois qu'il est divisible par quatre, comme dans la mesure à $\frac{12}{8}$, ou à deux temps seulement, lorsqu'il n'est divisible que par deux, comme la mesure à $\frac{6}{8}$.

Il y a encore d'autres mesures composées et doubles qui ne se trouvent guère que dans l'ancienne musique, et encore si rarement employées, qu'on a cru pouvoir les retrancher ici, vu qu'on s'est assez étendu sur l'explication de celles qui sont le plus en usage de nos jours.

CHAPITRE XIII.

Des Signes d'altération.

D. Les tons et demi-tons sont-ils toujours naturels ?

R. Non ; ils sont quelquefois altérés par des signes qu'on nomme accidents ou signes altératifs.

D. Quel est le nombre de ces signes ?

R. Ils sont au nombre de trois ; savoir : le *dièse*, le *bémol* et le *bécarre*.

Exemple :

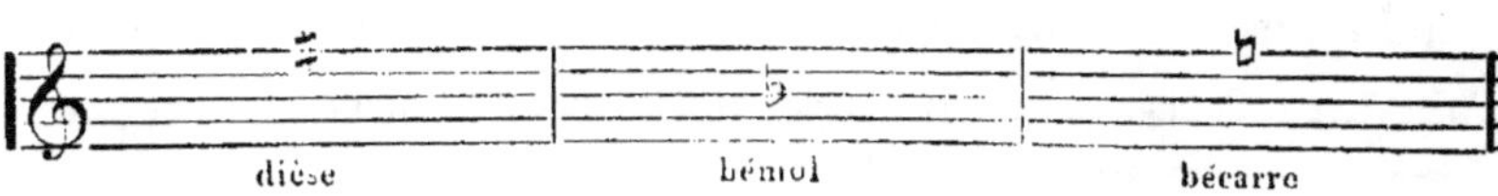

D. A quoi servent-ils ?

R. Le *dièse* hausse la note d'un demi-ton, le *bémol* la baisse d'un demi-ton, le *bécarre* la remet dans son ton naturel.

Exemple :

Le bécarre, après une note diésée, baisse d'un demi-ton la note devant laquelle il est placé ; après une note bémolisée, au contraire, il élève d'un demi-ton la note devant laquelle il est placé pour la remettre dans son ton naturel.

D. N'emploie-t-on pas encore d'autres signes d'altération ?

R. Oui ; le double dièse et le double bémol.

Exemple :

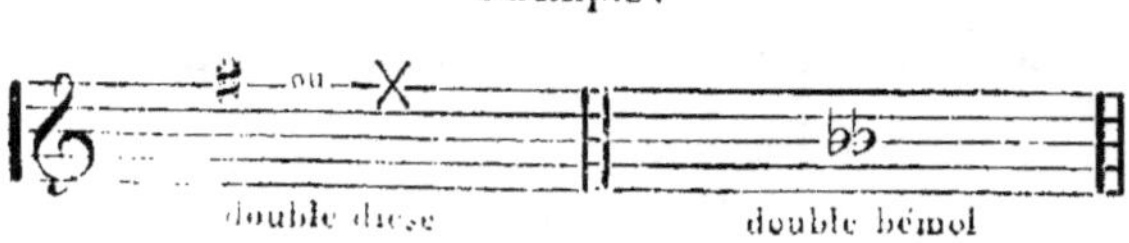

Gamme de *do*, mode majeur.

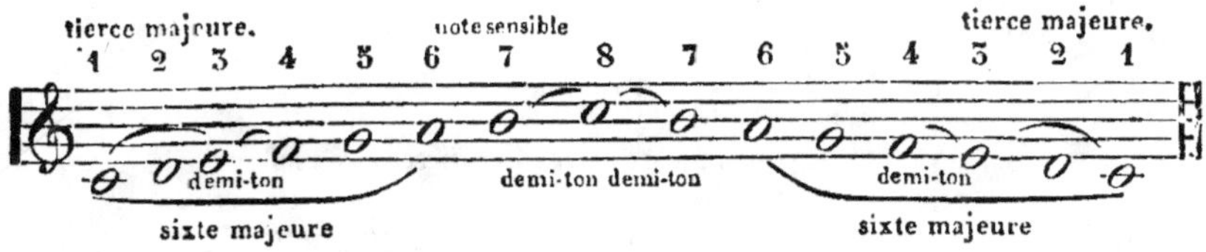

Gamme de *la*, mode mineur.

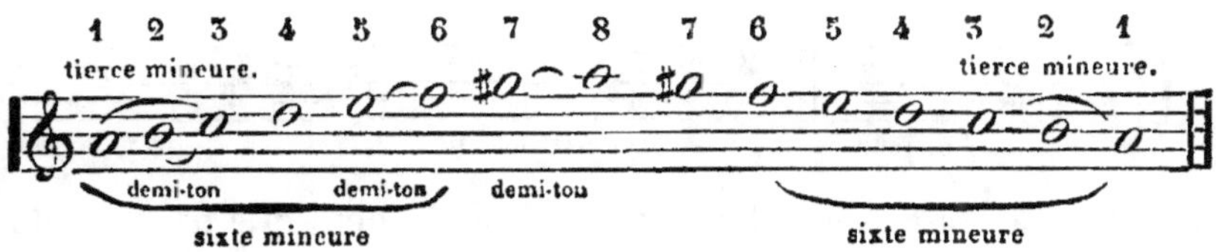

Comme on rencontre quelquefois dans le mode mineur la sixième note de la gamme *majeure*, en montant seulement, ce qui serait en contradiction avec la règle précédente ; il suffira que la tierce, c'est-à-dire les trois premières notes de la gamme, ne forment qu'un ton et demi pour déterminer le mode mineur.

Gamme de *la* mineur, avec la sixte majeure en montant.

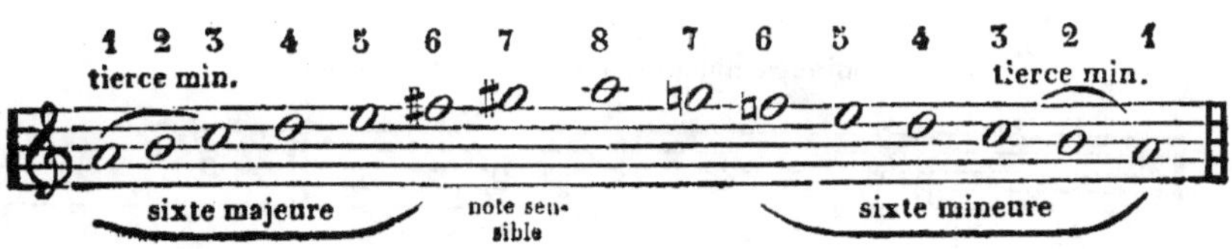

CHAPITRE XVI.

De la manière de connaître en quel ton est un morceau de musique, d'après le nombre de dièses ou de bémols placés à la clef.

D. Comment faire pour connaître en quel ton est un morceau de musique d'après le nombre de dièses placés à la clef ?

R. Le ton majeur, ou première note de la gamme, se trouvera toujours un degré au-dessus du dernier dièse posé à la clef. Or, s' le dièse est placé sur la note *fa*, le ton sera celui de *sol* majeur ; s'il est placé sur la note *do*, le ton sera celui de *ré* majeur, et ainsi de suite.

Exemple :

Toniques majeures avec des dièses à la clef.

On doit remarquer dans l'exemple précédent que dans les deux derniers tons majeurs, les toniques sont diésées, parce qu'elles se trouvaient déjà altérées dans le nombre des dièses posés à la clef.

D. Quel sera le procédé avec des bémols ?

R. Le ton majeur se trouvera toujours une *quinte*, c'est-à-dire cinq notes au-dessus du dernier bémol posé à la clef. Or, si le bémol se trouve sur la note *si*, le ton sera celui de *fa* majeur ; s'il est sur la note *mi*, le ton sera celui de *si* majeur, et ainsi de suite.

Exemple :

Toniques majeures avec des bémols à la clef.

On peut encore prendre pour *tonique*, ou première note du ton, l'avant dernier des bémols posés à la clef ; ainsi, avec deux bémols, qui sont *si* ♭ et *mi* ♭, la tonique sera *si* ♭, le *si* ♭ étant l'avant dernier des deux. Avec trois bémols, qui sont *si* ♭, *mi* ♭, *la* ♭, la tonique sera *mi* ♭, le *mi* ♭ étant l'avant dernier des trois, et ainsi de suite.

CHAPITRE XVII.

De la nécessité d'employer les dièses et les bémols dans les différents tons.

Gammes majeures avec des dièses,

D. Pourquoi faut-il un dièse dans le ton de *sol*, deux dans le ton de *ré*, trois dans le ton de *la*, etc. ?

R. Toute gamme majeure devant être composée de cinq tons et de deux demi-tons, et ces deux demi-tons placés, l'un du troisième au quatrième degré, l'autre du septième au huitième degré, il faut nécessairement, lorsque la note *sol* prend la dénomination de *tonique*, ou première note de la gamme, que le *fa* qui se trouve devenir la sensible, soit diésé pour rétablir le demi-ton qui doit exister de la septième note à la huitième, autrement il resterait un ton.

Exemple :

Gamme de *sol* majeur.

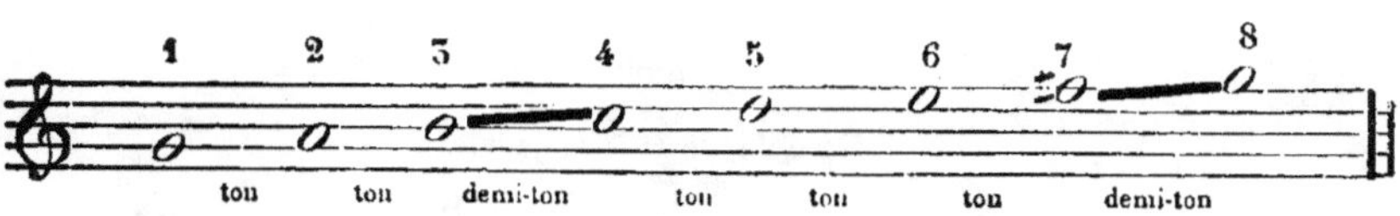

Par la même raison, il faudra deux dièses dans le ton de *ré* majeur, trois dans celui de *la* majeur, quatre dans celui de *mi*, etc.

Exemple :

Gamme de *ré* majeur.

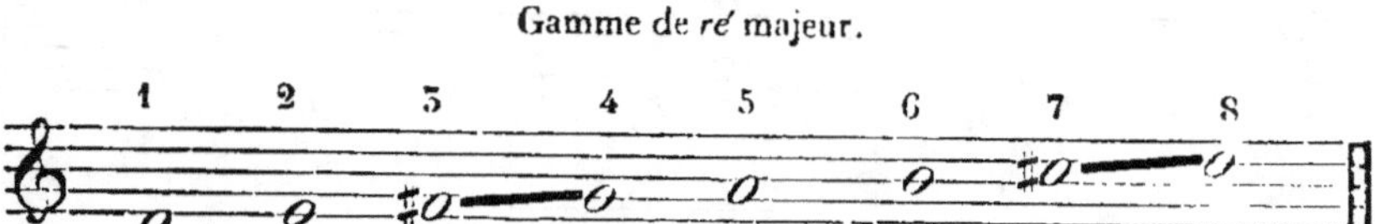

Gamme de *la* majeur.

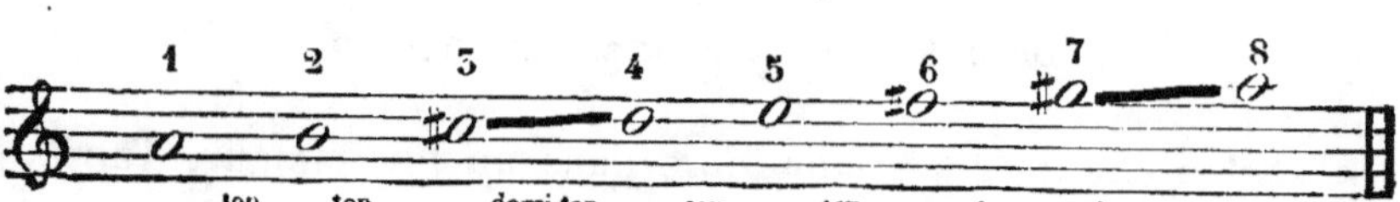

Gammes majeures avec des bémols.

D. Pourquoi faut-il un bémol dans le ton de *fa*, deux dans celui de *si* bémol, trois dans celui de *mi* bémol, etc. ?

R. Lorsque la note *fa* prend la dénomination de *tonique*, ou première note de la gamme, le premier demi-ton, qui doit avoir lieu du troisième au quatrième degré, c'est-à-dire de *la* à *si*, ne s'y trouverait plus en laissant ces deux notes dans leur état naturel; il faut donc baisser le *si*, par le moyen du bémol, pour rétablir le demi-ton qui doit exister de la troisième note à la quatrième.

Exemple :

Gamme de *fa* majeur.

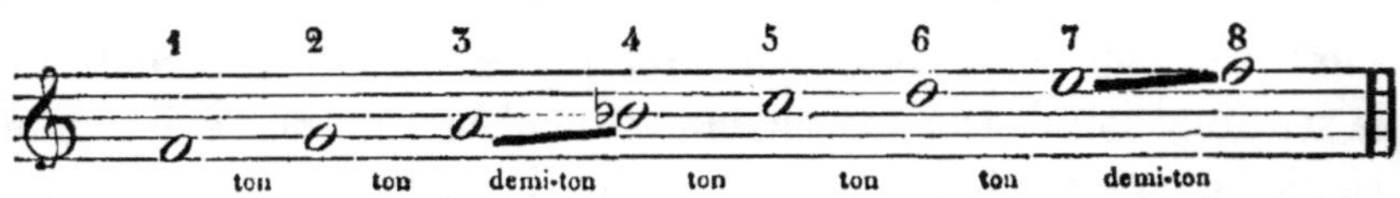

C'est pour observer cette même règle de succession de tons et de demi-tons dans la gamme qu'il faudra deux bémols dans le ton de *si* ♭ majeur, trois dans celui de *mi* ♭ majeur, etc.

Exemple :

Gamme de *si* ♭ majeur.

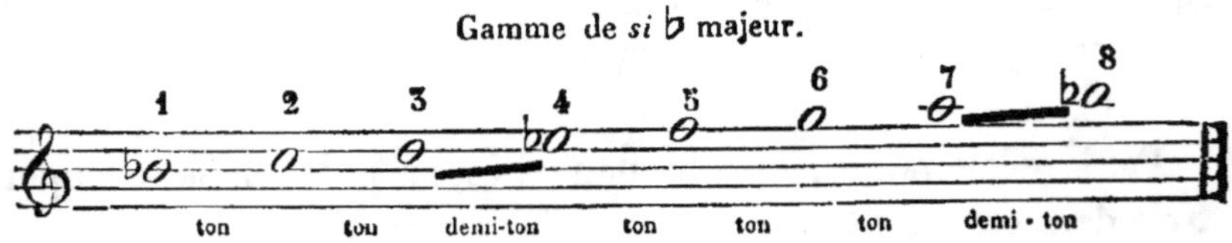

Gamme de *mi* ♭ majeur.

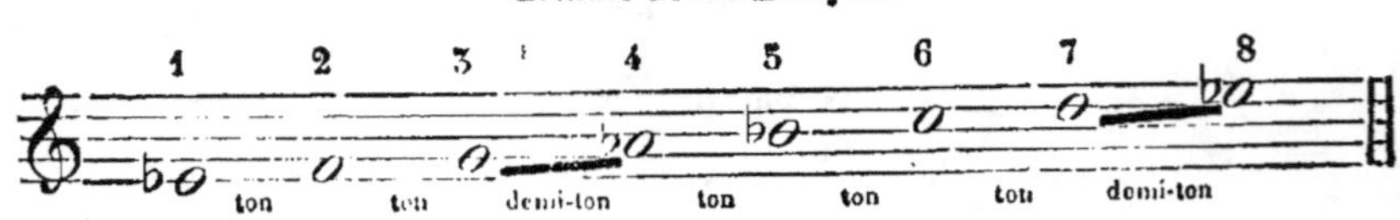

CHAPITRE XVIII.

Distinction du ton principal du ton relatif.

D. Un chant sera-t-il toujours dans un ton majeur, d'après le nombre de dièses ou de bémols que porte la clef ?

R. Non ; il peut être dans un ton majeur, qu'on nomme *principal*, ou dans un ton mineur qu'on nomme *relatif*.

D. Pourquoi le mineur est-il appelé *relatif* ?

R. Parce qu'il porte le même nombre de dièses ou de bémols que son principal majeur.

D. Comment procéder pour trouver le ton relatif ?

R. Le ton principal une fois connu, d'après les règles précédentes, on descendra de ce ton majeur une tierce mineure, et cette troisième note sera la première du ton relatif.

D. Maintenant, comment faudra-t-il procéder pour distinguer si l'on est dans le ton principal, *mode majeur*, ou dans le ton relatif, *mode mineur* ?

R. Il faut regarder si, dans les premières mesures du chant, la cinquième note du ton principal, ou bien la septième du ton relatif (ce qui revient au même), est altérée accidentellement d'un *dièse* ou d'un *bécarre*. Si elle est altérée, on est dans le ton relatif, mode mineur, et si elle ne l'est pas, on est dans le ton principal, mode majeur. On peut encore avoir recours à la note finale du chant ou de la basse, qui marque toujours la tonique.

D. Lorsqu'il n'y aura rien à la clef, quel sera le ton principal majeur et son relatif mineur ?

R. Le ton majeur sera *do*, et son relatif mineur *la*. La note qui distingue le mineur du majeur sera le *sol* dièse. (Exemple 1.)

D. Lorsqu'il y aura un dièse ?

R. Le ton majeur sera *sol*, son relatif mineur, *mi*. La note qui distingue le mineur du majeur, *ré* dièse. (Exemple 2.)

D. Lorsqu'il y aura deux dièses ?

R. Le ton majeur sera *ré*, son relatif mineur, *si*. La note qui distingue le mineur du majeur, *la* dièse. (Exemple 3.)

D. Lorsqu'il y aura trois dièses ?

R. Le ton majeur sera *la*, son relatif mineur, *fa* dièse. La note qui distingue le mineur du majeur, *mi* dièse. (Exemple 4.)

D. Lorsqu'il y aura quatre dièses ?

R. Le ton majeur sera *mi*, son relatif mineur, *do* dièse. La note qui distingue le mineur du majeur, *si* dièse. (Exemple 5.)

D. Lorsqu'il y aura cinq dièses ?

R. Le ton majeur sera *si*, son relatif mineur, *sol* dièse. La note qui distingue le mineur du majeur, *fa* double-dièse. (Exemple 6.)

D. Lorsqu'il y aura six dièses ?

R. Le ton majeur sera *fa* dièse, son relatif mineur, *ré* dièse. La note qui distingue le mineur du majeur, *do* double-dièse. (Exemple 7.)

D. Lorsqu'il y aura sept dièses ?

R. Le ton majeur sera *do* dièse, le relatif mineur, *la* dièse. La note qui distingue le mineur du majeur, *sol* double-dièse. (Exemple 8.)

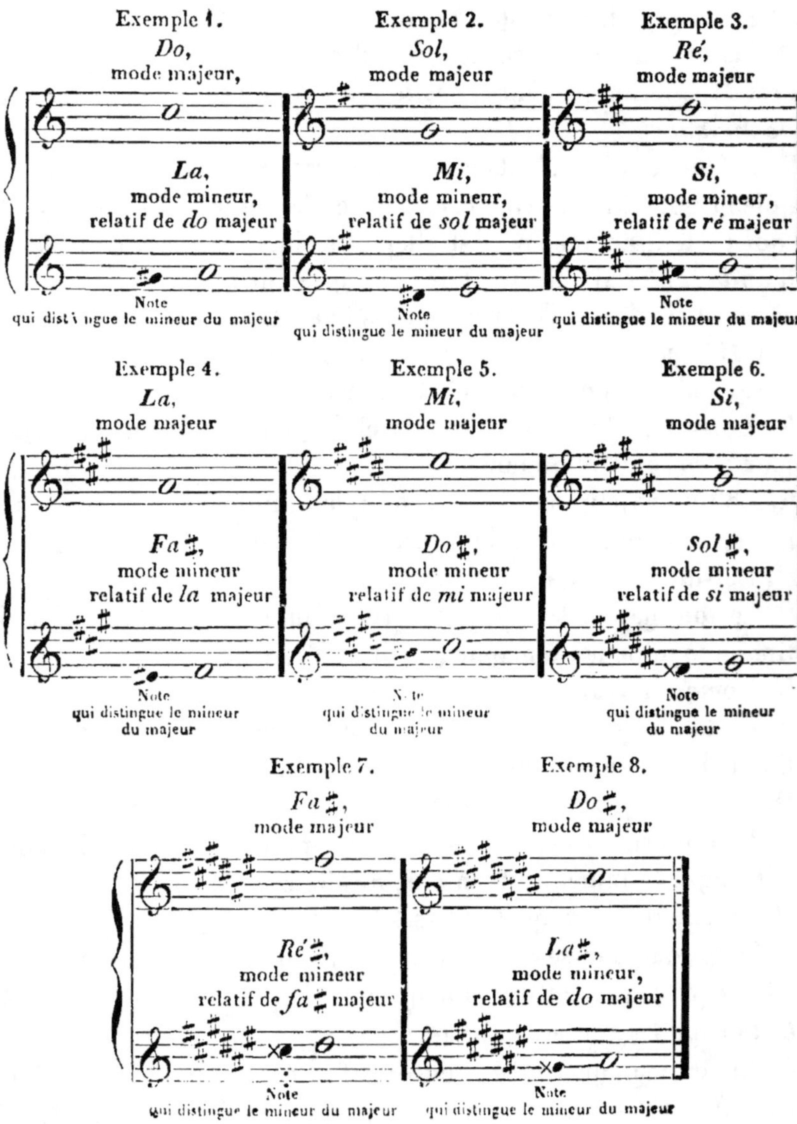

Tons bémolisés, mode majeur et mode mineur.

D. Lorsqu'il y aura un bémol à la clef, quel sera le ton majeur principal et son relatif mineur ?

R. Le ton majeur sera *fa*, son relatif mineur, *ré*. La note qui distingue le mineur du majeur, *do* dièse. (Exemple 1.)

D. Lorsqu'il y aura deux bémols ?

R. Le ton majeur sera *si* bémol, son relatif mineur, *sol*. La note qui distingue le mineur du majeur, *fa* dièse. (Exemple 2.)

D. Lorsqu'il y aura trois bémols ?

R. Le ton majeur sera *mi* bémol, son relatif mineur, *do*. La note qui distingue le mineur du majeur, *si* bécarre. (Exemple 3.)

D. Lorsqu'il y aura quatre bémols ?

R. Le ton majeur sera *la* bémol, son relatif mineur, *fa*. La note qui distingue le mineur du majeur, *mi* bécarre. (Exemple 4.)

D. Lorsqu'il y aura cinq bémols ?

R. Le ton majeur sera *ré* bémol, son relatif mineur, *si* bémol. La note qui distingue le mineur du majeur, *la* bécarre. (Exemple 5.)

D. Lorsqu'il y aura six bémols ?

R. Le ton majeur sera *sol* bémol, son relatif mineur, *mi* bémol. La note qui distingue le mineur du majeur, *ré* bécarre. (Exemple 6.)

D. Lorsqu'il y aura sept bémols ?

R. Le ton majeur sera *do* bémol, son relatif mineur, *la* bémol. La note qui distingue le mineur du majeur, *sol* bécarre. (Exemple 7.)

Exemple 5. Exemple 6. Exemple 7.

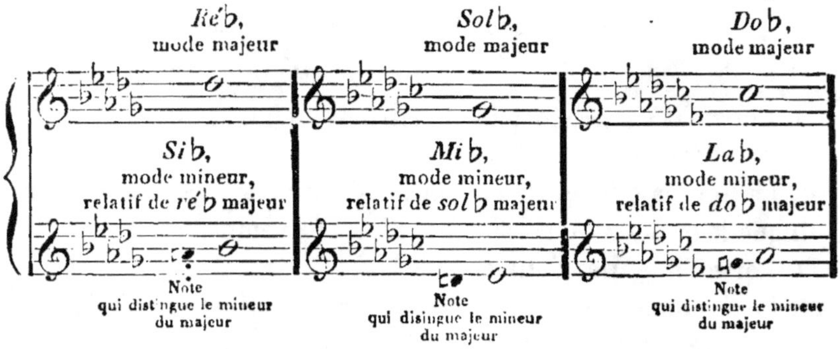

D. Maintenant que vous savez la marche à suivre pour distinguer le ton relatif mineur de son principal majeur, que faut-il faire, un ton mineur étant désigné, pour trouver le mode majeur avec lequel il a de l'analogie ?

R. De même que pour connaître le ton relatif mineur on est descendu une tierce mineure au-dessous de la tonique majeure, on reprendra la tierce mineure au-dessus de la tonique mineure, et on aura retrouvé la tonique majeure.

Exemple :

D. Dans le cas où il y aurait des dièses ou des bémols à la clef, quel changement cela apporterait-il ?

R. Aucun, le ton principal et son relatif portant toujours à la clef le même nombre de dièses ou de bémols. Seulement, on aurait à baisser la note sensible du mode mineur, qui devient la dominante du majeur, et qui n'était altérée qu'accidentellement.

Exemple :

CHAPITRE XIX.

Du changement de mode sans changer la tonique.

D. Ne pourrait-on pas changer le mode d'un morceau de chant sans en changer la tonique?

R. Oui; il suffit, pour passer d'un mode majeur à un mode mineur, même tonique, de retrancher trois dièses de la clef, ou d'y ajouter trois bémols, soit qu'il y en ait déjà ou non.

Exemple:

D. Que faut-il faire, quand on ne peut ôter trois dièses de la clef, comme dans la gamme de *ré*, qui n'en a que deux, et de *sol*, qui n'en a qu'un?

R. Il faut ajouter autant de bémols qu'il manque de dièses à retirer.

Exemple:

On suivra la même marche, dans le sens inverse, bien entendu, pour passer du mineur au majeur, c'est-à-dire qu'on ajoutera trois dièses à la clef ou qu'on en retranchera trois bémols. On peut prendre les exemples précédents, en comparant toutefois le ***mineur*** au ***majeur***.

CHAPITRE XX.

Des divers genres de musique.

D. Qu'entendez-vous par le mot *genre?*

R. En musique, le mot *genre* s'applique aux différentes espèces de mélodie.

D. Combien en distingue-t-on de sortes?

R. Trois : 1° le genre diatonique ; 2° le genre chromatique ; 3° le genre enharmonique.

D. Quel est le genre diatonique ?

R. Celui qui procède par tons et par demi-tons.

Exemple :

D. Quel est le genre chromatique ?

R. Celui qui procède par demi-tons majeurs et mineurs.

Exemple :

D. Quel est le genre enharmonique ?

R. Celui dont deux notes, formant un intervalle de seconde, ne donne néanmoins que le même son, comme *do* naturel et *si* dièse, *do* dièse et *ré* bémol.

Exemple :

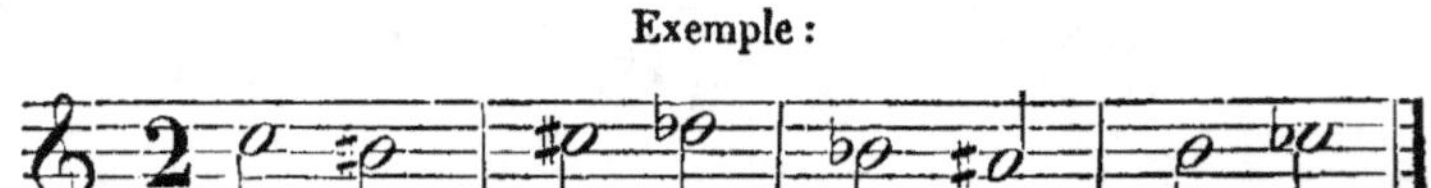

Il est à remarquer, pour les instruments à clavier, que la touche de *si* dièse est la même que celle de *do* naturel ; la touche de *do* dièse est également celle de *ré* bémol.

CHAPITRE XXI.

Des intervalles altérés et de leurs renversements.

D. Les différents intervalles, dont on a parlé plus haut, souffrent-ils des altérations ?

R. Oui ; on peut les diminuer ou les augmenter.

D. Sous combien de faces se présentent-ils ?

R. Sous trois faces différentes, comme on le voit par le tableau ci-dessous.

Exemple :

L'octave, qui est composée de cinq tons et de deux demi-tons, ne s'altère point.

Renversement des intervalles altérés.

D. Quelle remarque y a-t-il à faire dans le renversement des intervalles altérés ?

R. Dans le renversement des intervalles altérés, ceux qui étaient *majeurs* deviennent *mineurs* ; les mineurs deviennent *majeurs* ; les *augmentés* deviennent *diminués* ; les *diminués* deviennent *augmentés* ; les *justes* restent justes.

Exemple :

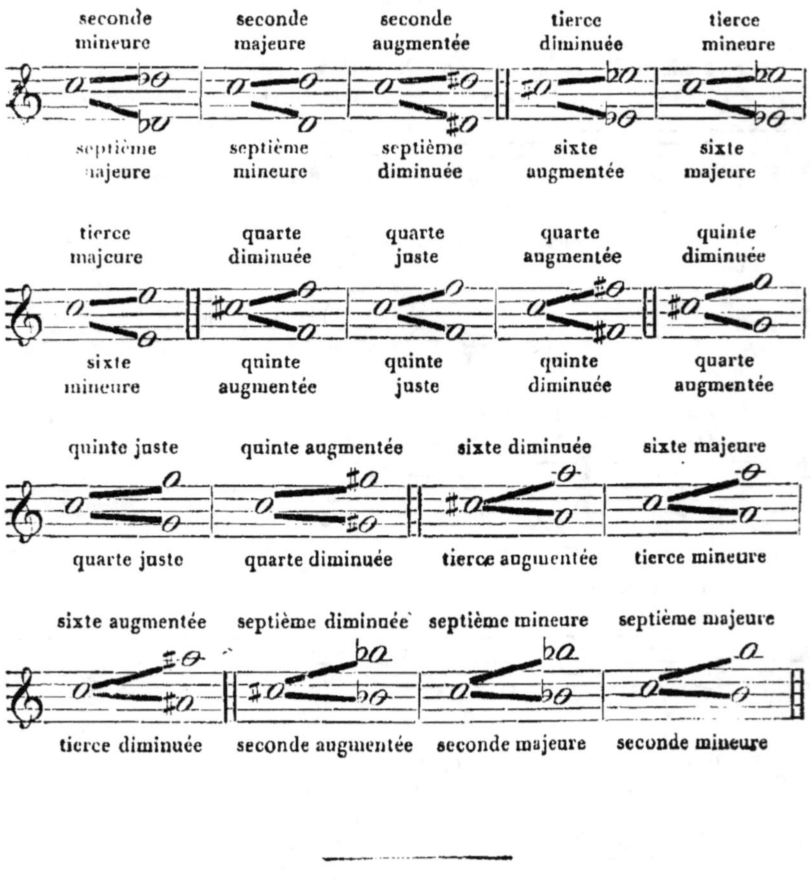

CHAPITRE XXII.

Des Liaisons ou Coulés, Détachés et Syncopes.

D. Qu'est-ce qu'une *liaison* ?

R. La liaison ou *coulé* est un demi cercle ⌢ qui lie deux ou plusieurs notes ensemble ; on l'emploie encore pour lier deux notes sur le même degré, et alors la seconde ne doit pas être répétée.

Exemples :

D. Comment désigne-t-on le *détaché* ?

R. Par des points ou virgules, placés au-dessus des notes, et qui indiquent qu'elles doivent être détachées ou piquées.

Exemple :

D. Qu'est ce que la syncope ?

R. C'est le prolongement sur letemsfort d'un son commencé sur le temps faible ; il faut distinguer deux sortes de syncopes, la régulière et l'irrégulière, ou brisée.

La syncope régulière s'écrit de deux manières : 1° par une note qui partage également sa valeur entre un temps faible ou la partie faible d'un temps, et un temps fort ou la partie forte du temps suivant.

Exemple :

Syncopes régulières.

2° Par deux notes d'égale valeur, placées sur le même degré, et liées ensemble par un demi-cercle.

Exemple :

D. Comment connaissez-vous la syncope irrégulière ou brisée ?

R. C'est celle qui est formée par deux notes, placées sur le même degré et liées ensemble, mais qui n'ont point la même valeur.

Exemple :

D. Qu'entendez-vous par *temps forts* et *temps faibles* ?

R. Les temps d'une mesure quelconque se divisent toujours en temps forts et faibles. Dans les mesures à *quatre temps*, le premier et le troisième sont forts, le deuxième et le quatrième sont faibles.

Dans les mesures à *trois temps*, le premier est presque toujours fort, le deuxième et le troisième faibles.

Dans la mesure à *deux temps*, le premier est fort et le deuxième faible.

CHAPITRE XXIII.

Des différents signes employés dans la musique.

Du Renvoi et de la Reprise.

D. Qu'est-ce que le *renvoi* ?

R. Le renvoi, qui se marque par le signe suivant : 𝄋, indique qu'il faudra reprendre à l'endroit où il se trouve, quand on le verra reparaître une seconde fois, et continuer jusqu'au mot *fin*.

On met souvent avec ce signe les deux lettres *D. C.*, abréviation du mot italien *da capo* (qui signifie reprenez de nouveau).

D. Qu'est-ce que la *reprise ?*

R. La reprise, marquée par deux barres verticales précédées ou suivies de deux points, indique qu'il faudra répéter deux fois la partie de musique enfermée par ces deux barres ; elle est tantôt simple, tantôt double.

Exemple :

D. N'est-il pas des cas où l'on écrit à la fin de chaque reprise 1re *fois* et 2e *fois ?*

R. Oui ; et alors cela signifie que, si l'on recommence cette période, lorsqu'on sera de nouveau arrivé à ce signe 1re *fois*, on devra le supprimer et passer de suite à la 2e *fois* pour continuer.

Exemple :

Du Point d'Orgue.

D. Qu'est-ce que le *point d'orgue ?*

R. Le point d'orgue est une ligne courbe au-dessous de laquelle est un point 𝄐 ; il a trois significations.

1° *Point de repos ;* 2° *point d'arrêt ;* 3° *point final.*

Comme point de repos, il est placé sur une note où le chant peut être suspendu, ou bien sur une note précédant la note finale ; dans ce dernier cas, on peut y ajouter quelques notes d'agréments.

Exemple :

Comme point d'arrêt, il est placé sur une note et sur le silence qui la suit; il indique qu'on doit quitter la note aussitôt qu'on l'a nommée, et rester sur le second point placé sur le silence.

Exemple :

Comme point final, il est placé sur la première note d'une mesure et suivi d'un trille; alors on peut y ajouter tous les traits d'agréments qu'on veut.

Exemple :

De l'Abréviation.

D. Qu'est-ce que l'*abréviation?*

R. L'abréviation est un signe qui consiste à indiquer, 1o la décomposition d'une note quelconque en des croches, doubles, triples ou quadruples, au moyen d'une barre simple, double, triple ou quadruple, placée au-dessous de la note. 2° La répétition d'un groupe quelconque de notes, au moyen d'une barre simple, double, triple ou quadruple, placée après le groupe et souvent accompagnée du mot italien *suivez* ou *segue.*

Exemple :

Du Guidon.

Qu'est-ce que le *guidon* ?

R. C'est une espèce d'N qui se place à l'extrémité de la portée pour indiquer quelle doit être la première note de la portée suivante.

Exemple :

CHAPITRE XXIV.

Des Notes d'agréments.

D. Qu'est-ce que vous entendez par *notes d'agréments* ?

R. De petites notes placées dans le cours d'une mesure, sans en augmenter la durée. Elles empruntent leur valeur sur les notes qui les suivent ou qui les précèdent.

D. Combien y en a-t-il de sortes ?

R. Quatre : 1° l'*appogiatura* ; 2° le *mordante* ; 3° le *gruppetto* ; 4° le *trille* ou *cadence*.

D. Quelle est la durée de l'*appogiatura* et sa distance ?

R. Sa durée est ordinairement la moitié de la note qui la suit : après une note pointée, elle prend la valeur de la note réelle, et la valeur réelle celle du point. Elle se place, soit au-dessus soit au-dessous de la note, par intervalles disjoints et conjoints ; toutes les fois qu'elle est au-dessous, elle doit être distante d'un demi-ton seulement ; placée au-dessus, elle peut être distante d'un ton.

Exemple :

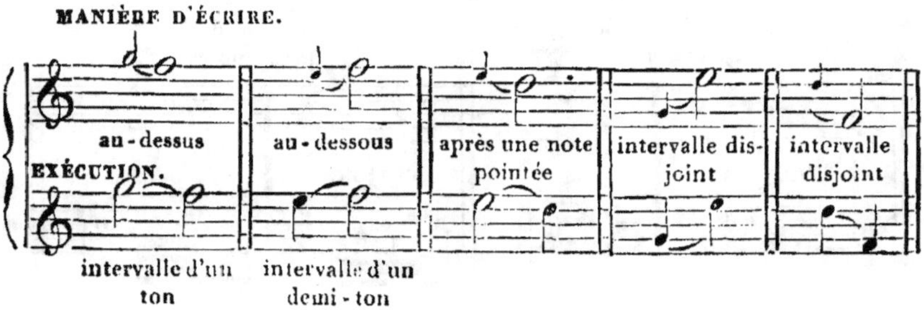

Quand l'*appogiatura* doit être exécuté avec rapidité, quelle que soit la valeur de la note réelle, on la traverse par un petit trait.

Exemple :

EXÉCUTION.

D. Comment désigne-t-on le *mordante*?

R. On le désigne par deux petites notes placées de même que l'*appogiatura*, ou par un trait serpenté au-dessus de la note.

Exemple :

EXÉCUTION.

D. Comment désigne-t-on le *gruppetto*?

R. On le désigne par un groupe de trois ou quatre notes placées de même que l'*appogiatura*, ou par le signe ∾ placé au-dessus de la note ou d'un point; quelquefois ce signe (∾) est accompagné d'un dièse, d'un bémol ou d'un bécarre placés au-dessus et au-dessous; alors les petites notes placées, soit au-dessus soit au-dossous de la note principale, subissent l'influence des différents signes.

Exemple :

D. Comment désigne-t-on le *trille* ou *cadence?*

R. On le désigne par les lettres *tr*, placées au-dessus de la note, et il indique le battement accéléré de la note supérieure avec celle où se trouve écrit le *tr*.

Exemple :

CHAPITRE XXV.

Des Accents.

D. Qu'est-ce que l'on appelle *accents?*

R. On appelle ainsi des signes qui servent à varier les diverses parties d'un chant, en leur donnant l'expression de la force ou de la douceur.

D. Comment s'indiquent ces accents?

R. Par différents signes ou mots italiens.

Le signe < indique que le son doit être augmenté progressivement.

Le signe > indique qu'il doit être diminué de la même manière.

La réunion de ces deux signes :

indique que l'on doit commencer doucement et renforcer graduellement jusqu'au milieu, puis diminuer insensiblement jusqu'à la fin.

On se sert encore de beaucoup de mots italiens pour indiquer les différentes nuances. On trouvera, ci-après, les principaux termes avec leur signification.

Termes de nuances et d'expression.

Termes italiens.		Signification.
Piano	*P* ou *p*	Doux, faible.
Pianissimo	*PP* ou *pp*	Très doux, très faible.
Dolce	*dol.*	Avec douceur.
Forte	*F* ou *f*	Fort.
Fortissimo	*FF* ou *ff*	Très fort.
Mezzo forte	*m. f.*	Demi-fort.
Sforzando	*fz. sfz.*	En forçant subitement.
Rinforzando	*rinf.* ou *rfz.*	En renforçant.
Crescendo	*cresc.* ou *cr.*	En augmentant de force.
Decrescendo	*decresc.*	En diminuant de force.
Smorzando	*smorz.*	En laissant mourir le son peu à peu.
Morendo	*morend.*	En mourant.
Spressivo	*spres.*	Expressif.
Affettuoso		Affectueux.
Maestoso		Majestueux.
Cantabile		Chanter avec goût.
Con espressione		Avec expression.
Legato		Lié.
Leggiero		Léger.
Con anima		Avec ame.
Con spirito		Avec esprit.
Con grazia		Avec grace.
Con gusto		Avec goût.
Con delicatezza		Avec délicatesse.
Con allegrezza		Avec allégresse.
Con fuoco		Avec feu.
Calendo		En échauffant l'exécution.
Con calore		Avec chaleur.
Con forza		Avec force.
Animato		Animé.
Ben marcato		Bien marqué

Termes italiens.		Signification.
Ad libitum		A volonté.
A piacere		A plaisir.
Poco à poco		Peu à peu.
Doloroso		Douloureux.
Con moto		Avec mouvement.
Con brio	ou *brioso*	Avec du brillant.
Scherzando		En badinant.
Sempre		Toujours.
Staccato	*stacc.*	Détaché.
Portamento	*portam*	Porté.
Ritardando	*ritar.*	En retardant.
Rallentando	*rall.*	En ralentissant.
Ritenuto	*rit.*	Retenu.
Accelerando	*accel.*	En accélérant.
Stringendo	*string.*	En serrant.

Termes qui indiquent le mouvement.

Termes italiens.		Signification.
A tempo	ou *tempo* 1°	Premier mouvement.
Grave		Le plus lent de tous les mouvements.
Largo		Large, sévère.
Lento		Lent.
Larghetto		Moins sévère, moins lent que le *largo*.
Adagio		Posément.
Andante		Ni trop lent, ni trop vite, gracieux.
Andantino		Un peu moins lent.
Tempo di minuetto		Temps de menuet.
Tempo di marcia		Temps de marche.
Allegretto		D'une vivacité modérée.
Allegro		Gai, vif.
Presto		Vif, animé.
Prestissimo		Très vif.
Mosso		Animé.
Moderato		Modéré.
Non troppo		Pas trop.
Commodo		Commode.
Molto		Beaucoup.

TABLE DES MATIÈRES.

Chapitres		pages
I.	De la Musique	1
II.	Des figures de notes et de leurs différentes valeurs	*Id.*
III.	De la Portée	4
IV.	Des Silences	5
V.	Du Point, du Double Point, du Triolet et des Sixaines.	*Id.*
VI.	Du nom des notes	7
VII.	Des Clefs	8
VIII.	Tableau de la Portée générale des voix	10
IX.	De la position des notes	*Id.*
X.	De la gamme diatonique	12
XI.	Des Intervalles et de leur renversement.	13
XII.	Des Mesures.	15
XIII.	Des Signes d'altération	20
XIV.	De la position des dièses et des bémols à la clef.	21
XV.	Des diverses significations du mot *ton* et des différents modes.	22
XVI.	De la manière de connaître en quel ton est un morceau de musique, d'après le nombre de dièses ou de bémols placés à la clef	23
XVII.	De la nécessité d'employer les dièses et les bémols dans les différents tons.	25
XVIII.	Distinction du ton relatif du ton principal.	26
XIX.	Du changement de mode sans changer la tonique.	31
XX.	Des divers genres de musique	32
XXI.	Des intervalles altérés et de leurs renversements	33
XXII.	Des Liaisons ou Coulés, Détachés et Syncopes.	35
XXIII.	Des différents signes employés dans la musique	36
XXIV.	Des Notes d'agréments	39
XXV.	Des Accents.	41

FIN.